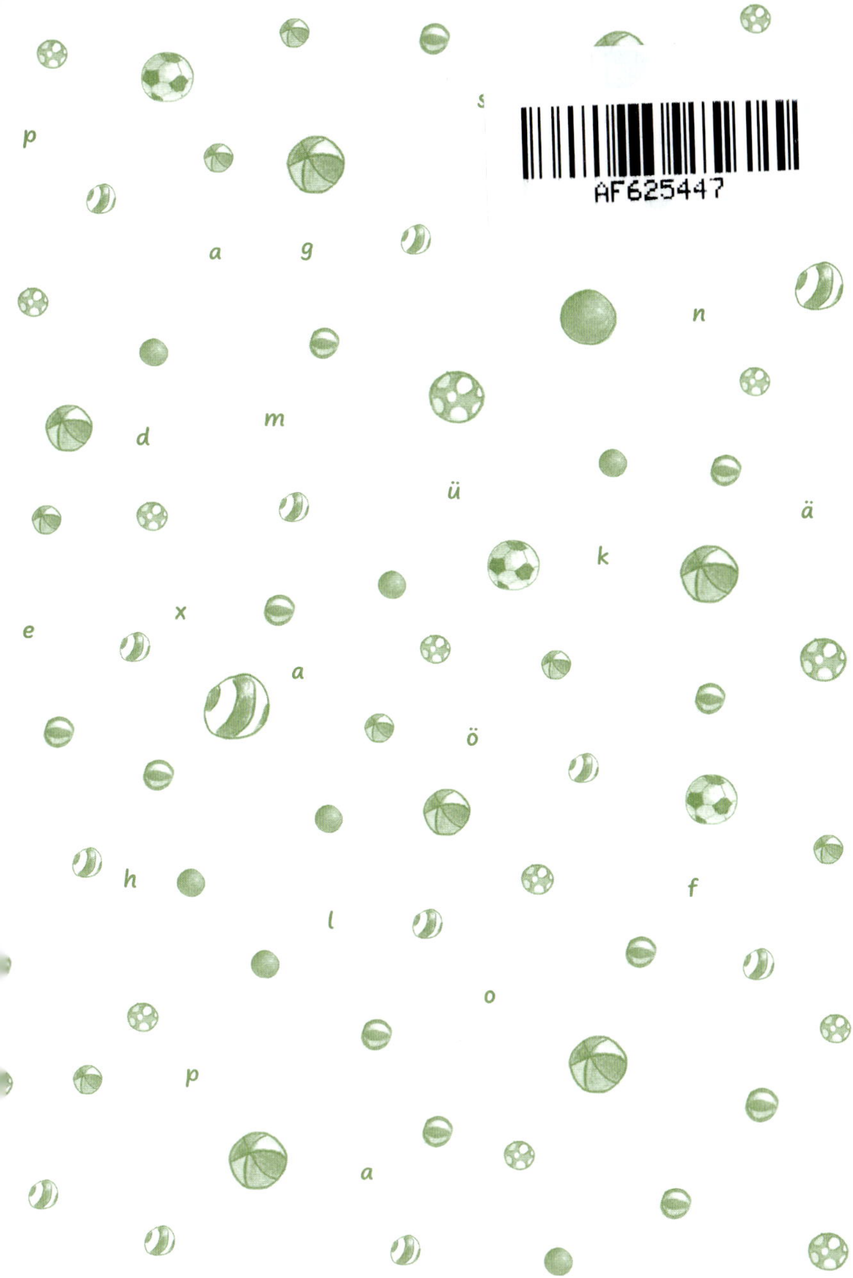

AF625447

RENATE ZIMMER

Eine kleine Ballgrammatik

Spielerische Zugänge zur Sprache

HERDER

FREIBURG · BASEL · WIEN

Über den Ball

Zugang zur Sprache finden!

Einführung

Es gibt kaum ein Spielgerät, das Kinder von Beginn ihres Lebens an so fasziniert wie ein Ball. Schon Babys erkunden ihn mit Mund und Händen, setzen ihn in Bewegung, verfolgen mit dem Blick genau, wohin er rollt. Sobald sie sich auf allen vieren fortbewegen können, krabbeln sie dem Ball hinterher, versuchen ihn einzuholen und mit den Händen zu fassen. Kaum können sie stehen und sich aufrecht bewegen, kicken sie den Ball mit dem Fuß. Er rollt … und bleibt dann irgendwo liegen. Sie rennen ihm nach, holen ihn wieder und setzen das Spiel fort.

Der Ball hat einen hohen Aufforderungscharakter, schon der kleinste Impuls führt dazu, dass er in Bewegung, ins Rollen gerät.

> *Beim Spielen mit dem Ball erleben Kinder, dass sie etwas bewirken können: Sie setzen den Ball in Bewegung und spüren, dass sie durch das eigene Handeln eine Wirkung erzielen können. Sie erleben Selbstwirksamkeit – eine wichtige Quelle beim Aufbau eines positiven Selbstwertgefühls (Zimmer 2019a).*

Inhalt

Ballvergnügen von Anfang an

Bälle gibt es in vielen unterschiedlichen Varianten, aus unterschiedlichem Material, sie unterscheiden sich hinsichtlich ihrer Größe, Farbe, Oberfläche, ihres Gewichts. Es gibt Stoffbälle, Wasserbälle, Gummibälle, Tennisbälle, Lederbälle, Luftballons, Tischtennisbälle etc. Alle Bälle haben unterschiedliche Eigenschaften, sind leicht oder schwer und fordern zu unterschiedlichen Handhabungen auf. Aber allen gemeinsam ist die runde Form, die die unendliche Bewegung ermöglicht, die unzählige Möglichkeiten des Spielens – allein oder mit anderen – eröffnet.

Kein Wunder, dass Bälle Kinder vom ersten Lebenstag an faszinieren – und kein Wunder, dass das erste Wort vieler Kinder – nach Mama (MaMaMa…) und Papa (PaPaPa…) das Wort „Ball“ (BaBa…) ist. Dies liegt allerdings auch daran, dass der Laut b einer der ersten Laute im (deutschsprachigen) Lauterwerb ist.

„Ba-ba“ – das ist das erste Wort, das Leon (1,5 Jahre alt) zielgerichtet auf einen Gegenstand spricht.
Der Ball ist Leons Lieblingsspielzeug. Immer wieder kickt er ihn mit dem Fuß, wirft ihn mit beiden Händen, rennt ihm hinterher, wenn er wegrollt. Er sucht ihn sogar unter der Kommode, wenn er ihn darunter verschwinden sieht. „Da Da Da“, ruft er aufgeregt, als der Ball unter dem Schrank verschwunden ist, „Da Da daaa“. Und als die Mutter ihn fragt: „Was ist denn da?“, sagt Leon „Ba-Ba“.

Das Weltbild des Kindes prägt seinen Wortschatz. Was ist für das Kind wichtig? Bedeutsam sind seine unmittelbare Umgebung, seine wichtigsten Bezugspersonen – aber auch Lieblingsspielzeuge wie der Ball. Kleine Kinder benennen das, womit sie gerne umgehen, womit sie Erfahrungen sammeln, was ihre Neugierde weckt.

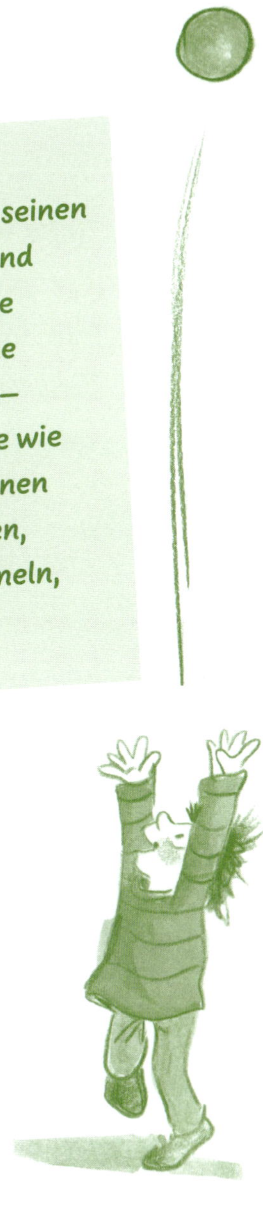

Ziel der „Ballgrammatik" ist es, das Sprachbildungspotenzial alltäglicher Spiel- und Bewegungssituationen zu erkennen und bewusster anzuwenden.

Der Ball ist Spielanlass und Sprachanlass zugleich.

Der Ball als Spiel- und Sprachanlass

Das Interesse am Ball hört auch bei älteren Kindern nicht auf. Jetzt ist es vielleicht der Fußball, der Handball, der Wasserball, der sie fasziniert, mit dem sie allein, mit einem Spielpartner oder in der Gruppe spielen. Sie verständigen sich im Spiel. Sie stellen Regeln auf, müssen Regeln verstehen, sich die Spielregeln gegenseitig erklären, sie ggf. auch abändern, wenn es die Situation erfordert. Sie kommunizieren über den Ball miteinander.

Und so bietet der Ball auch für ältere Kinder, die mehrsprachig aufwachsen, einen guten Zugang zur deutschen Sprache.

Für Kinder und auch für Jugendliche, die einer besonderen Unterstützung beim Erwerb der deutschen Sprache bedürfen, kann der Ball eine Brücke zur Interaktion mit anderen, zur Bildung von sozialen Kontakten darstellen, er kann jedoch auch zum „Transporteur“ für das Erlernen neuer Wörter und Begriffe, von Redewendungen und sogar von grammatikalischen Regeln werden.

Der Ball fordert das Kind zum Handeln auf

Er ermöglicht einen guten Zugang zum Kind, aber auch einen guten Zugang zur Sprache.

- Über den Ball kann die Interaktion zwischen dem Erwachsenen und dem Kind intensiviert werden, die Beziehungsebene wird zunächst über das gemeinsame Handeln gestärkt.
- Mit Hilfe des Balles entstehen auch Interaktionen zwischen den Kindern, die mit sprachlicher Begleitung verbunden werden können.
- Der Ball ermöglicht in unterschiedlichen Spielvarianten eine Fülle auch systematischer Sprachvarianten.
- Die Spiel- und Sprachvariationen werden nicht künstlich herbeigeführt, sie entstehen in ganz natürlichen, alltäglichen Spielsituationen.
- Mit Hilfe des Spiels mit dem Ball können Kontexte auch für grammatikalische Strukturen geschaffen werden (z. B. Kombination von Wörtern zu Sätzen, Bildung von Satzmustern), die in das sprachliche Angebot in Alltagssituationen integriert werden können.
- Die Interaktionen mit dem Ball können die pädagogischen Fachkräfte dazu anregen, das eigene Sprachangebot und Sprachverhalten in der Interaktion mit den Kindern zu reflektieren. So kann der pädagogischen Fachkraft bewusst werden, wie sie sich sprachförderlich und sprachunterstützend verhalten kann.

Sprechfreude ist die Voraussetzung zum Erwerb sprachlicher Kompetenzen – sie zu unterstützen und zu stärken ist Anliegen dieses Buches. Es soll bei Kindern, aber auch bei pädagogischen Fachkräften und Eltern die Lust am Spiel mit der Sprache und am Spiel mit dem Ball wecken.

Mit diesem Buch arbeiten

Im Vordergrund stehen **Spielanregungen zur Sprachbildung mit dem Ball,** die in den pädagogischen Alltag in Kindertageseinrichtungen integriert werden können. Sie können aber auch Sprachförderangebote für ältere Kinder, die einen Unterstützungsbedarf beim Erlernen der deutschen Sprache haben, bereichern.

Die praktischen Beispiele sind systematisch auf die unterschiedlichen Bereiche der Sprache bezogen, wobei es immer auch Überschneidungen zwischen den Bereichen geben wird.

Nach einer kurzen Erläuterung des Sprachbereichs und einem Einblick in die Entwicklung, folgen Anregungen für eine spielerische, aber bewusst gestaltete Sprachbildung mit dem Ball. Diese kann **situativ** erfolgen, wenn Kinder mit Bällen spielen und die pädagogische Fachkraft sie dabei begleitet, sie kann aber auch **bewusst** „inszeniert“ werden, indem die Pädagogin, der Pädagoge Spielideen mit dem Ball anbietet und diese möglichst sprachanregend gestaltet.

Im Blickfeld der folgenden Praxisbeispiele stehen unterschiedliche Bereiche der Sprache:
*Die Bildung von Lauten (**Phonetik**) und die Unterscheidung einzelner Laute (**Phonologie**), die Sprachmelodie (**Prosodie**), der Wortschatz und die Wortbedeutung (**Lexikon, Semantik**). Schließlich geht es auch um bestimmte Regeln, wie die Wörter verwendet und wie sie zu Sätzen zusammengefügt werden.*
*Ein weiterer Bereich betrifft also die richtige Stellung der Wörter in einem Satz (**Syntax**) und die Veränderung der Wörter selbst (**Morphologie**).*

Das vorliegende Buch wird als „Ballgrammatik" bezeichnet – da in die Grammatik auch alle anderen Sprachbereiche eingehen. Sie stellen die Basis für den Erwerb der Regeln der Sprache dar.

Regeln lernen – Regeln intuitiv anwenden

Die „Grammatik“ erscheint uns Erwachsenen oft als ein kompliziertes Regelsystem der Sprache. Wenn wir eine Fremdsprache lernen, fällt uns die Aneignung von Wörtern in der fremden Sprache oft noch leicht – aber wenn es um die Regeln geht, wie Sätze gebildet werden oder Wörter sich verändern, wenn man sie in einem bestimmten Kontext gebraucht, hört die Begeisterung für die fremde Sprache meist schnell auf.

Dies ist bei Kindern ganz anders. Sie lernen keine Regeln, sondern verwenden sie sehr intuitiv. Schon im Alter von 1,5 bis 2 Jahren fangen sie an, kleine Sätze zu bilden. Zunächst bestehen sie nur aus zwei Wörtern. „Ball da“ kann heißen: „da ist der Ball“, kann aber auch heißen, „ich will den Ball haben“. Schon ein einziges Wort kann je nach Stimmklang und Betonung (Prosodie) eine unterschiedliche Bedeutung haben. „Ball?“ kann eine Frage, „Ball!“ eine Aufforderung sein.

Auf der Basis einer größeren Zahl an Wörtern und der Prosodie können erste Sätze gebildet werden. Die verschiedenen Sprachebenen sind also eng miteinander verzahnt. Ohne ausreichenden Wortschatz und ohne prosodische Fähigkeiten können keine grammatikalischen Strukturen gebildet werden.

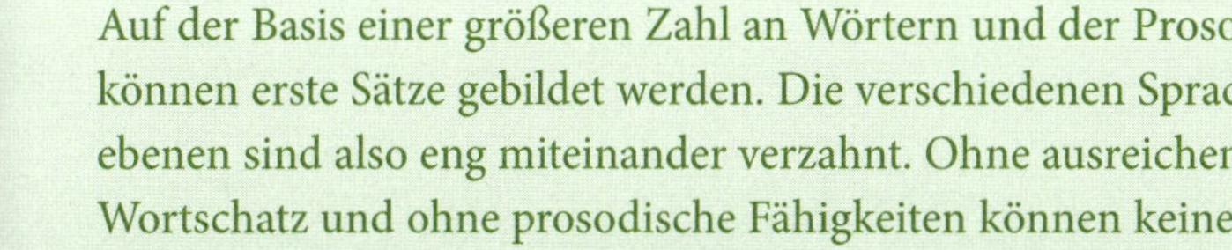

Bewegungshandeln als Ausgang für sprachliche Prozesse

Die „Ballgrammatik" orientiert sich am Konzept der „Bewegten Sprache", einem Ansatz zur Sprachbildung und Sprachförderung, in dem der Körper und die Bewegung als Ausgangspunkt für sprachliches Handeln betrachtet werden:

„Sprache baut auf dem Handeln auf: Zuerst kommt das körperlich-sinnliche Erkunden einer Sache, dann erst erfolgt die sprachliche Begleitung. Das Kind spielt zum Beispiel mit einem Ball, lässt ihn auf den Boden prellen. ‚Ball springt', sagt es – aber nicht bevor, sondern nachdem es sich mit ihm beschäftigt hat. Im Tun, im handelnden Umgang mit Gegenständen und Objekten entdeckt es die Sprache als nützliches Medium, als Werkzeug des Handelns. Erst im Laufe der Zeit werden Handlungen verinnerlicht, das Kind kann die Handlung reflektieren. Sprache ermöglicht dann eine gedankliche Vorwegnahme (‚Ich will Ball spielen') oder rückblickende Reflexion des Tuns (‚Ich habe das Tor getroffen') und damit eine Distanz zur aktuellen Situation" (Zimmer 2019a, S. 14 f.).

Das Grundanliegen einer bewegungsorientierten Sprachbildung und Sprachförderung besteht darin, eine anregungsreiche, zur Aktivität und zum Handeln auffordernde Umwelt zu schaffen, in der das Kind seinen Körper, Bewegung, Sprache und Stimme gleichermaßen einsetzen kann, um sich mit sich selbst und anderen auseinanderzusetzen.

Sprache baut auf dem Handeln auf.

Körper und Sprache als Werkzeug entdecken

Das Kind gewinnt, bevor es sich sprachlich mitteilen kann, bereits ein Wissen über die Beschaffenheit von Gegenständen oder die Funktion von Objekten. Dass ein Ball rund ist, auf dem Boden rollt oder hochspringt, wenn man ihn fallen lässt – dieses Wissen hat es aufgrund seiner Erfahrungen, durch Wahrnehmung und Bewegung, in denen sich die Zusammenhänge erschließen.
So werden durch das Handeln gewonnene Erfahrungen in Verbindung mit der Sprache zu *Begriffen*. Die Begriffe ermöglichen dem Kind die innere Abbildung der Welt. Zeitliche Begriffe wie „langsam" und „schnell", räumliche Begriffe wie „hoch" und „tief" erfährt das Kind zum Beispiel in Bewegungshandlungen, die es in Raum und Zeit variiert. So erweitert es seinen Wortschatz und erwirbt die Voraussetzung für das Verständnis sprachlicher Klassifizierungen.

„Eingebunden in sinnvolle, bedeutungsvolle Handlungssituationen, in denen verbale und nichtverbale Handlungsteile ineinandergreifen, lernt das Kind, sich seines Körpers und der Sprache als Werkzeug zu bemächtigen" (Zimmer 2019a, 14 f.).

Das Spiel schafft Bewegungs- und Sprechanlässe, die dazu beitragen, das sprachliche und körpersprachliche Handlungsrepertoire ebenso zu erweitern wie das Bewegungsrepertoire.

Strategien zur Unterstützung der Sprachentwicklung

- Stellen Sie einen gemeinsamen Aufmerksamkeitsfokus her: Die Kinder sitzen z. B. auf dem Boden im Kreis, sie rollen sich einen Ball zu. Die Aufmerksamkeit ist dabei sowohl in der Bewegung, aber auch in der sprachlichen Begleitung auf den Ball gerichtet.
- Begleiten Sie Ihre eigenen Aktivitäten oder die Handlungen der Kinder sprachlich: Beispiele: „Ich nehme mir den ganz großen Ball." „Du hast das Tor ganz genau mit dem Ball getroffen."
- Begleiten Sie Handlungsschritte sprachlich und führen Sie sie weiter. Beispiel: „Guck mal, dein Luftballon fliegt hoch in die Luft, jetzt hast du ihn mit dem Finger angetippt und er fliegt noch höher."
- Wenden Sie „**Korrektives Feedback**" an, ein bestätigendes Aufgreifen der Äußerungen des Kindes in korrigierter Form. Beispiel: Kind: „Ich habe den Ball geschießt." Erwachsener: „Ja, du hast den Ball ins Tor geschossen."
- Fügen Sie den Äußerungen des Kindes weitere Elemente hinzu (**Expansion**). Beispiel: Kind: „Ball haben", Erwachsener: „Ja, den roten Ball kannst du haben."
- Führen Sie die Äußerungen des Kindes auch thematisch weiter (**Extension**). Beispiel: Kind: „Guck mal, Ball", Erwachsener: „Ja, der Ball ist unter den Tisch gerollt."
- Stellen Sie **offene Fragen**, auf die das Kind nicht einfach mit „ja" oder „nein" antworten kann. Beispiel: „Was machen wir mit so vielen Bällen?"

- Provozieren Sie auch einmal Widersprüche bei den Kindern (**Provokation**). Beispiele: Erwachsener: „Das schafft ihr nie, die Kiste mit den Bällen ist viel zu schwer zum Schieben!“, Kinder: „Schaffen wir wohl …“ Oder behaupten Sie bei einer Bilderbuchbetrachtung auch einmal das Gegenteil von dem, was zu sehen ist: Würfel, Kissen, Flasche … und behaupten Sie: „Das ist ein Ball!“ (das Kind sollte auch an Ihrer Stimmlage erkennen, dass dies ein lustiges Spiel – eine Provokation – ist) (Szagun 2007, Zimmer 2019a, 2019b).

Eine wichtige Voraussetzung für die Sprachbildung der Kinder ist eine sprachförderliche Grundhaltung der Bezugspersonen.

Ansprechen – Zuhören – Mitmachen

Erwachsene dienen Kindern als sprachliche Vorbilder. Sie ahmen Redewendungen ihrer Bezugspersonen nach, übernehmen Satzmuster und orientieren sich an ihrem Sprachverhalten. Eltern wie auch pädagogische Fachkräfte sollten daher das eigene Sprachvorbild reflektieren und sich bewusst machen, wie sie mit dem Kind sprechen und es im Spracherwerb unterstützen können. Dabei kommt es insbesondere auf folgende Aspekte an:

Beziehung aufnehmen: Eine gute emotionale Beziehung zu den Kinder ist die Voraussetzung dafür, dass Sprache entsteht. Sprechen Sie die Kinder direkt an („Lara, möchtest du einen Ball haben, Pia – du auch?"), nehmen Sie verbal und nonverbal Kontakt mit den Kindern auf, halten Sie auch beim Spielen möglichst viel Blickkontakt.

Zu-Hören: Hören Sie den Kindern zu, wiederholen Sie deren Äußerungen, schenken Sie ihnen Aufmerksamkeit. Zeigen Sie den Kindern Ihr Interesse an deren Äußerungen und Fragen. Wenn die Kinder erzählen, dass sie mit ihrem Papa oder ihrer Mama auch manchmal Fußball spielen, gehen Sie darauf ein und fragen Sie nach. Die Kinder sollten sich in ihren Anliegen und Gedanken ernst genommen fühlen.

Mitmachen: Beteiligen Sie sich an den Spielideen der Kinder. Auch wenn Sie in erster Linie die Kinder beobachten wollen, ist es für die Interaktion wichtig, dass Sie beim Spiel z. B. mit dem Ball auch mitmachen. Dies schafft Gelegenheiten, Ihr eigenes Handeln sprachlich zu begleiten („Oh, jetzt habe ich den Luftballon aber mit dem Knie abgespielt.“) oder die Handlungen der Kinder zu kommentieren („Tom kann den Ballon sogar auf den Fingerspitzen balancieren.“). Das unterstützt die Interaktion mit den Kindern („Wollen wir zusammen spielen?).

Sprechfreude anregen: Regen Sie die Sprechfreude der Kinder an, lassen Sie sie aussprechen, auch wenn sie nur stockend oder langsam etwas erzählen wollen. Vermeintlich fehlerhafte Äußerungen sollten Sie nicht korrigieren, sondern sie sinngemäß bestätigend in korrekter Form wiederholen. Regen Sie die Kinder zu eigenen Wortschöpfungen an (Wo ein Fußball ist, gibt es bestimmt auch einen – Nasen-ball, Po-ball, Kopf-ball etc.) und freuen Sie sich mit ihnen über Wortkreationen. Stellen Sie Inhalte vor die Form: Worüber ein Kind sprechen oder erzählen will ist wichtiger als die Form, in der es dies tut.

Eine gute emotionale Beziehung zum Kind, eine Atmosphäre, in der sich das Kind angenommen und wertgeschätzt fühlt, in der seine Wünsche und Interessen aufmerksam wahrgenommen werden, ist die Voraussetzung für eine gelingende Kommunikation.

1. Lautbildung (Phonetik)

Die **Phonetik** befasst sich mit der Art und Weise, wie Laute und Lautverbindungen erzeugt werden.
Für die Bildung von Lauten sind die Atmung, die Stimme und verschiedene Artikulationsorgane (Sprechwerkzeuge) notwendig (Lippen, Zunge, Zäpfchen, Stimmritze), ebenso bedeutend sind die Artikulationsstellen, die Orte, an denen die Laute gebildet werden (z. B. Zahndamm, harter und weicher Gaumen).

Beispiel: Um den Laut „b" zu bilden, müssen die Lippen zum Beispiel zusammengepresst werden.

Wie unterscheidet sich das „b" (Ball) vom „p" (Papa)?
Bei der Phonetik geht es um die deutliche Artikulation. Die Artikulation ist auch abhängig von einer intakten Mundmuskulatur, von der Koordination der Atem-, Stimm- und Sprechorgane. Mundmotorische Spiele, die den Einsatz von Kiefer, Zunge und Lippen unterstützen, festigen die für das Sprechen erforderlichen Muskelpartien und fördern die Beweglichkeit der Zunge und der Lippen.

***Mundmotorische Spiele** müssen keinesfalls den Charakter einer Übung haben – sie sollten lustig sein und den Kindern Spaß machen.*
Pusten und Saugen trainiert die Mundmuskulatur. Bei witzigen kleinen Spielen setzen die Kinder ihren Atem (Pusten) und ihre Mundmuskulatur (Saugen) ein, um einen Gegenstand – ohne Mithilfe der Hände – in Bewegung zu versetzen.

Die Kinder lieben es, mit ihrer Stimme aktiv zu werden: Flüstern, Schreien, Nachahmen von Tierlauten oder von Autogeräuschen führt dazu, dass sie neben dem Modulieren der Stimme auch die bewusste Artikulation üben.

Entwicklung der Lautbildung

Schon Babys produzieren Laute, sie lallen, gurren, schreien, sie experimentieren mit verschiedenen Lautbildungen, brummen, quietschen und trainieren damit auch bereits ihre Artikulationsorgane. Mit ca. 6 Monaten beginnen Babys, die Laute ihrer Umgebungssprache zu imitieren, sie produzieren einfache Silben, die meist aus einem *Konsonanten* und einem *Vokal* bestehen und die immer wiederholt werden (dadada, bababa).

Ab dem 10. Lebensmonat kombinieren Kinder unterschiedliche Laute miteinander, es entstehen kleine Lallmonologe.

Ab dem 10./12. Monat beginnt das Kind, mit seinen lautlichen Äußerungen auf konkrete Objekte oder Handlungen hinzuweisen. Ab jetzt sind die Interaktionen zwischen Erwachsenen und Kindern sehr wichtig. Sprachliches Verhalten des Erwachsenen und des Kindes bedingen sich gegenseitig.

Anfangs produzieren die Kinder vorwiegend Lautmalereien (muh für die Kuh).

Ab dem 9. bis 15 Monat (ca.) produzieren die Kinder die ersten Wörter (Protowörter – Eigenschöpfungen), d. h. Laute, die eindeutig mit einer bestimmten Bedeutung verbunden werden. Also z. B. „wauwau“ für einen Hund oder „baba“ für den Ball.

Das b, aber auch m, n, d, t gehören zu den ersten Lauten, die das Kind erwirbt. Es folgen p, f, w, l.

Bis zum Alter von 5 Jahren sind die Kinder in der Lage, die Laute ihrer Muttersprache korrekt zu bilden. Die Laute sch, s, z, ts, ch werden als Letztes erworben.

Bei den oben genannten Beispielen handelt es sich um die Reihenfolge des Lauterwerbs im Deutschen, in anderen Sprachen kann sie abweichen und z. T. auch noch über das 6. Lebensjahr hinausgehen.

Spielideen zur Lautbildung

Spielen mit einem Stoffball

Animieren Sie das Kind zu **Lautspielereien** mit dem Ball, dabei rollen Sie ihm einen Ball zu, zeigen ihm den Ball, begleiten sein Spielen mit Worten:

„Hier, dein Ball, da ist dein Ball. Und sch…on ist der Ball angekommen."

Spiel in der kleinen Gruppe

Die Kinder sitzen im Kreis (auf dem Boden). Ein Ball wird über den Boden gerollt, von einem Kind zu einem anderen (quer durch den Kreis). Sprechen Sie beim Rollen des Balles das Wort „Ball" mit, so lange, bis der Ball bei dem Kind angekommen ist („Ballllll").

Die Mundmuskulatur stärken (Mundmotorik)

Schneebälle pusten

- **Material:** Beutel mit weißer Watte

Aus der losen Watte gemeinsam mit den Kindern kleine Bälle formen. Sie sehen aus wie Schneeflocken oder Schneebälle. Die Kinder legen die Schneebälle auf die Hand und versuchen, sie in die Höhe zu pusten. Die Bälle tanzen durch die Luft und sinken dann langsam auf den Boden – so leise und sacht wie Schneeflocken.

Zauberball

- **Material:** bunte Chiffontücher

Bunte Chiffontüchern zu einem Ball zusammenknüllen. Die Hände zusammenlegen, sodass der kleine Ball darin verborgen ist. Werden die Hände geöffnet, entfaltet sich das Tuch und aus dem kleinen Ball wird eine schöne große „Blume“.
Fordern Sie die Kinder dazu auf, den „Zauberball“ aus den eigenen Händen einem anderen Kind (oder auch Ihnen) zuzupusten. Dann öffnet er sich während des Fliegens.

Tischtennisbälle pusten

- **Material:** Tischtennisbälle, Tisch

Ein Tischtennisball wird auf einen Tisch gelegt. Die Kinder versuchen ihn nur durch Pusten in Bewegung zu versetzen. Auf dem Tisch kann auch mit Holzklötzen oder Bausteinen ein „Tor" aufgebaut werden, in das die Kinder den Ball hineinpusten.

Zungenball „Mundfußball"

Ein Spiel für zwischendurch: Die Zunge in die Wangentasche bohren (sieht von außen aus wie ein Ball), dann mit dem Finger von außen antippen und den „Ball" in die andere Wangentasche „schießen". Dann geht es wieder zurück auf die andere Seite etc. Dieser „Mundfußball" ist immer dabei und es wird keine Vorbereitung benötigt.

Ballparcours

- **Material:** Bauklötze verschiedener Größen, Tischtennisball oder kleiner Softball

Auf einem Tisch (oder auf dem Boden) Bauklötze auslegen – mit größeren Lücken zwischen den Klötzen. Die Kinder sollen einen Tischtennisball (oder einen kleinen Softball) zwischen den Klötzen entlang pusten. Schaffen sie es, ihn auch um die Ecke oder in eine Kurve zu steuern?

Zeitungsbälle

- **Material:** Zeitungen

Ein Zeitungsblatt zu kleinen Bällen zusammenknüllen.
Die Zeitungsbälle auf dem Tisch (oder auf dem Boden) verteilen.
Die Kinder pusten die Bälle an, sodass sie alle durcheinanderrollen.

Das Training der Mundmuskulatur kann unterstützt werden durch das Saugen an einem Strohhalm, das Aufgreifen und Transportieren von kleinen, leichten Objekten. Ebenso kann das Pusten mit dem Strohhalm die Mundmotorik stärken. Das Spiel mit dem Strohhalm stärkt den Mundschluss, die Kinder lernen, die Spannung mit den Lippen zu halten.

Pustebälle

- **Material:** Strohhalme, Wattebausch, Schüssel

Die Kinder versuchen, mit einem Strohhalm einen kleinen Wattebausch anzusaugen und ihn dann auch wieder wegzupusten.

Variation: Die Kinder saugen mit ihrem Strohhalm einen Papierball an und bringen ihn zur Ballschüssel. Dort legen sie ihn ab, indem sie die Luft – durch kurzes Absetzen vom Mund – wieder aus dem Strohhalm ausströmen lassen. Hier ist die Ballgröße wichtig: Je größer bzw. je schwerer die Papierbälle, umso schwieriger ist die Aufgabe.

Pustefußball

- **Material:** Papierrollen (Haushaltspapier oder Toilettenpapier), Wattebäusche, Strohhalme

Auf einem glatten Tisch mit zwei Papierrollen Tore aufstellen. In der Mitte liegen viele Wattebäusche. Die Kinder pusten die Watteballe mit ihren Strohhalmen in die Tore.

Balltransport

- **Material:** Kopiervorlage „Bälle“, Farbstifte, Strohhalme, Schere

Jedes Kind bekommt ein Blatt Papier mit Ballkonturen in verschiedenen Größen, darunter auch „Fußbälle“ – am Muster erkennbar. Sie werden angemalt und dann ausgeschnitten.

Die Kinder dürfen die Bälle mit einem Strohhalm aufsaugen und in einen auf dem Boden stehenden Korb (Schüssel) transportieren.

Schwierige Lautverbindungen üben

Beispiel „Sch“

- **Material:** ein größerer Ball

Die Kinder sitzen am Boden im Kreis. Ein Ball wird von einem Kind zum anderen gerollt.
Wenn der Ball auf dem Boden rollt, kann der Erwachsene – und dann auch die Kinder – den Weg des rollenden Balles lautlich begleiten:

„Schsch…schon angekommen“
Und jetzt bist du dran!
„Schsch…schon angekommen“
Oder:
„Schschsch…nell rollt der Ball“

Zungenbrecherverse

Erfinden Sie mit den Kindern lustige Zungenbrecherverse (Wörter, die hintereinander gereiht werden und mit dem gleichen Laut beginnen).

Bunte Bälle rollen unters breite Bett.
Bibbel, Babbel, Bu, raus bist du.

Sie sollten sehr schnell hintereinander ausgesprochen werden – das übt die Beweglichkeit der Artikulationsorgane.

Sprachspiele für schwierige Konsonantenverbindungen

Wenn sie sich reimen, macht die Wiederholung noch mehr Spaß!

Bl – blaue Bälle bleiben liegen,
Gr – grüne Bälle kann man kriegen.

Kn – knallende Bälle machen Krach,
Kr – kriechende Bälle spielen Schach.

Kl – kleine Bälle mag ich gern,
Schw – schwere Bälle …

Gr – große Bälle fängt man kaum,
Schn – schnelle Bälle fang ich im Traum.

2. Lautwahrnehmung und Lautunterscheidung (Phonologie)

Wörter unterscheiden sich oft nur durch einen einzigen Laut: Baum oder Raum, Haus oder Maus – der Bedeutungsunterschied zwischen den beiden Wörtern wird nur durch einen einzigen Laut bewirkt. Während sich die im ersten Kapitel beschriebene Phonetik mit der Bildung von Lauten beschäftigt, befasst sich die Phonologie mit der Wahrnehmung und Unterscheidung von Lauten.

Schon Babys können zwischen Lauten und Lautkombinationen unterscheiden, so erkennen sie die Laute und Lautkombinationen ihrer Muttersprache und bevorzugen sie gegenüber anderen Sprachen (Szagun 2007).

Die Fähigkeit zur weiteren Unterscheidung der Laute hängt auch von der Differenzierung der auditiven Wahrnehmung ab. Lauschen, genaues Hinhören, das Verfolgen eines Balles, in dem sich ein Glöckchen befindet und der über den Boden rollt, kann z. B. zu einer Intensivierung der auditiven Wahrnehmung führen.

Ein weiterer Schritt besteht in der Unterscheidung von ähnlich klingenden Lauten. Wörter mit dem gleichen Anlaut werden gesucht (Ball – Banane, Brett, Besen) oder Wörter, die sich – wie oben beschrieben – nur durch einen einzigen Laut unterscheiden (Ball – Stall). Sie werden auch als „Minimalpaare“ bezeichnet.

Wird ein Vokal kurz oder lang ausgesprochen, entsteht ein neues Wort:

fühlen – füllen
Beet – Bett
Bußgeld – Busgeld

Die einzelnen Laute der Sprache haben die Funktion, zwischen den Wörtern zu unterscheiden.

Reimübungen, Silbenspiele, Abzählverse tragen dazu bei, die Fähigkeit zur Lautwahrnehmung und Lautunterscheidung zu unterstützen.

Spielideen zur Lautwahrnehmung und Lautunterscheidung

Klingelball

- **Material:** Stoffbälle

Die Kinder haben Stoffbälle, in denen ein Klingelglöckchen steckt (oder einen Luftballon, in den vor dem Aufblasen eine kleine Glocke gesteckt wurde).
Sie rollen die Bälle über den Boden, orientieren sich vor allem an ihrem Geräusch. Fordern Sie die Kinder auf, den Ball mit geschlossenen Augen zu verfolgen.

In einer kleinen Gruppe setzen sie sich in einen Kreis. Der Ball wird gerollt. Derjenige, der den Ball auffängt, ruft „angekommen" und rollt den Ball jemand anderem zu.

Ball prellen

- **Material:** Gummiball (der sich gut auf den Boden prellen lässt)

Die Kinder schließen die Augen: Ein Ball wird auf den Boden geprellt. Wie oft wurde er geprellt? (Die Anzahl dem Alter der Kinder anpassen – wie weit können sie schon zählen?)

Murmelbahn

- **Material:** ein möglichst langes Leerrohr, Murmel

Eine Murmel in ein Leerrohr stecken und durch das Rohr rollen lassen. Die Kinder verfolgen den Weg der Murmel. Wann kommt sie wieder heraus?
Das Rohr kann auch über Gegenstände (Stühle, Kissen etc.) gelegt werden, sodass ein Gefälle entsteht.

Ball – Knall – Stall

Erzählen Sie eine Geschichte, bei der die Kinder die Wörter Ball, Knall, Stall unterscheiden sollen. Bei **Ball** deuten alle Kinder mit den Armen einen dicken Ball an, bei **Knall** schreien sie laut „Peng" und bei **Stall** setzen sie sich alle auf eine in der Mitte liegende Matte (den Stall).

Zum Beispiel:

Es waren einmal zwei Freunde, die spielten sehr gerne zusammen **Ball**. Dazu gingen sie oft in einen leerstehenden **Stall**. Eines Tages war der **Stall** abgeschlossen, deshalb mussten sie draußen spielen. Sie schossen den **Ball** immer höher und höher. Plötzlich machte es laut **Knall**, denn sie hatten ein Fenster des Nachbarn getroffen. Da kam der Nachbar wütend aus seinem Haus gerannt und nahm den Kindern den **Ball** weg.

Reime – Spiele mit der Sprache

Reime unterstützen die Kinder bei der bewussten Wahrnehmung der Laute. Sie üben auf Kinder eine große Faszination aus, meist merken sie sich die Reime schnell und erinnern sich dabei an die Reimworte. Die Kinder können auch Reimworte selbst finden und sogar kleine Gedichte daraus machen.

Einfache Reimformen finden

Die Kinder sitzen im Kreis auf dem Boden. Ein bunter Ball wird zwischen ihnen hin und her gerollt. Dazu sprechen Sie einen Reim:

Dieser Ball ist rund
und dazu ganz bunt.
Rollt in unserem Kreis,
sag mir wie du heißt.

Das Kind, das den Ball aufgefangen hat, nennt seinen Namen. Es darf den Ball einem anderen Kind zurollen.

Wiederholen Sie den Vers mehrfach, bis alle Kinder an der Reihe waren und ihren Namen genannt haben.

Varianten

Rolle, rolle kleiner (roter, großer, bunter) Ball
bis vor unsere Tür,
sag, wer wohnt denn hier? (Namen des Kindes nennen,
bei dem der Ball angekommen ist.)

Der Ball ist im Haus,
er kommt jetzt heraus.
Er rollt dann zu dir,
wann kommt er zu mir?

Reimmaschine

Was reimt sich auf „Ball“? Finden Sie zusammen mit den Kindern Reimwörter:

Schall
Knall
Fall
Stall
All
Wall
Nachtigall
Prall

Ballgedicht

Mein Ball ist rund, kunterbunt.
Mein Ball kann fliegen, wer kann ihn kriegen?
Mein Ball ist groß, ach, fang ihn doch bloß!

Finden Sie mit den Kindern neue kurze „Reimgedichte“: Beginnen Sie den Reim mit „Mein Ball ist …“ und lassen Sie die Kinder einen dazugehörigen Reim finden.

Besonderen Spaß machen den Kindern Quatschverse. Sie stellen so etwas wie eine Kunstform dar: Man kann Dinge zusammenbringen, die es in der Alltagssprache nicht gibt. Die Fantasie der Kinder wird geweckt, wenn sie sich selbst Reimwörter ausdenken dürfen.

Quatschverse – Der verrückte Ball

Der Ball liegt auf dem Tisch – er isst am liebsten Fisch.

Der Ball liegt auf dem Schrank – so wird er niemals krank.

Der Ball rollt in den Schuh – da trifft er eine Kuh.

Der Ball rollt in das Klo – da freut sich der Popo /
da sitzt schon ein Floh.

Der Ball rollt in die Suppe – da lacht die kleine Puppe.

Was erlebt der „verrückte Ball" denn noch?

Die Kinder können weitere Quatschverse rund um den Ball finden.

Abzählverse

Finden Sie mit den Kindern Abzählverse rund um den Ball.

Eins, zwei, drei, vier, fünf, sechs, sieben,
wo ist denn mein Ball geblieben?

Bei jeder Zahl auf den Boden (oder auf den Tisch, auf die Stuhlsitzfläche) patschen:

1, 2, 3 – der Ball ist frei,
1, 2, 3, 4 – der Ball ist hier,
1, 2, 3, 4, 5 – der Ball schlüpft in die Strümpf,
1, 2, 3, 4, 5, 6 – hinterm Ball steht eine Hex,
1, 2, 3, 4, 5, 6, 7 – lieber Ball, hiergeblieben,
1, 2, 3, 4, 5, 6, 7, 8 – der Ball hüpft, dass es kracht,
1, 2, 3, 4, 5, 6, 7, 8, 9 – der Ball rollt in die Scheun,
1, 2, 3, 4, 5, 6, 7, 8, 9, 10 – er will noch nicht nach Hause gehn.

Ene mene miste,
es rappelt in der Kiste.
Ene mene meg,
der Ball ist weg.
Weg ist er noch lange nicht,
sag mir erst wie alt du bist.
Fünf ist eine schöne Zahl,
probieren wir es noch einmal.

Eins, zwei, drei, vier, fünf, sechs, sieben,
komm, wir wollen Fußball spielen.
Wer soll denn der Torwart sein?
Eins, zwei, drei, du kommst rein.

Reimschema – Limericks

Ältere Kinder erfinden Reime, die einem bestimmten Reimschema folgen. Einen besonderen Reiz (auch für Erwachsene) haben Limericks:

> *Ein **Limerick** ist ein kurzes, in aller Regel **scherzhaftes Gedicht**. Es hat fünf Zeilen mit dem **Reimschema aabba**.*

Die Kinder erfinden Reime zum Thema Ball:
Was ein Ball alles erlebt!

Es war einmal ein Ball,
der lag in einem Stall.
Die Kuh sah ihn rollen,
hätte aufpassen sollen.
Da kam sie ganz plötzlich zu Fall.

Es rollte ein Ball auf ein Tor,
der Tormann war nicht mehr davor.
Er rollte ins Eck,
schon war er weg.
„Ein Tor" schrien alle im Chor!

Es rollte ein Ball in die Pfütze,
er gehörte dem Kind mit der Mütze.
Der Ball rollte weg,
die Mütze im Dreck.
So war sie zu nichts mehr nütze.

Die klassische Form der Limericks bezieht einen Ort ein (wegen der Reime – der Ort hat keine Bedeutung):

Es rollte ein Ball nach Wesel
und traf unterwegs einen Esel.
Der sagte: Iah,
ich war schon mal da.
Kehr um, rolle lieber nach Scheeßel!

Ein Ball wollte gerne mal fliegen,
er kam aber nur bis Siegen.
Da traf ihn der Schreck,
die Luft, die war weg!
Da bleib er ganz einfach liegen.

Es rollte ein Ball nach Sizilien,
er wollte ja erst nach Brasilien.
Doch nun war er da
und schrie laut: Hurra,
hier blühten ja schon die Lilien!

3. Wortschatz und Wortbedeutung
(Lexikon und Semantik)

Wir haben nicht nur viele Wörter in unserer Sprache, wir wissen auch, was diese Wörter bedeuten.

Die meisten Kinder beginnen, Wörter zu sprechen, wenn sie ungefähr ein Jahr alt sind. Dabei benennen sie Dinge und Personen, die für sie wichtig sind – also Papa, Mama, aber auch Dinge, die sie umgeben und die für sie eine Bedeutung haben, also Miau – die Katze, Ei – das Eis oder Ba – der Ball!

Kleine Kinder benennen das, womit sie Erfahrungen sammeln, der Wortschatz beschreibt ihre Welt. Er ist also sehr kontextabhängig.

Entwicklung des passiven und aktiven Wortschatzes

Das Wortverständnis (auch passiver Wortschatz) ist zu Beginn größer als der aktive Wortschatz. Kinder verstehen mehr, als sie selbst benennen können. Auch Lautmalereien (Babytalk) wie „oh", „da", „hallo" können als erste Wörter (Protowörter) bezeichnet werden.

Um den ersten Geburtstag herum beginnen Kinder, erste Wörter zu bilden. Zunächst sind es **Substantive**: Kinder benennen Gegenstände, Tiere, Personen ihrer unmittelbaren Umgebung, aber auch Körperteile, Esswaren oder Orte, die sie aufsuchen. Meist handelt es sich um Dinge oder Personen, die für das Kind konkret sichtbar sind.

Dann kommen **Verben** hinzu. Zu Anfang sind es vor allem Bewegungs- und Handlungsverben. Die Kinder sind interessiert an Aktivitäten: Ball rollen, Ball fangen etc. Die Verben sind am einfachsten, weil sie Handlungen beschreiben, die man bei anderen Menschen oder bei Dingen sehen und damit ihre Bedeutung auch verstehen kann.

Mit den Verben kommen **Adjektive** in der Sprache der Kinder hinzu: Auch hier beziehen sich die Kinder auf sichtbare Merkmale: klein, groß, heiß, kalt, Farben (rot) oder Eigenschaften (böse, lieb).

Mit Vollendung des 2. Lebensjahres sprechen Kinder in der Regel 200 Wörter aktiv.

Damit ein Kind ein neues Wort erwerben kann, muss es das Wort häufig genug hören, es muss im Alltag immer wieder vorkommen. In Spielaktivitäten prägen sich die Wörter besonders gut ein, die Kinder erweitern ihren Wortschatz, lernen aber gleichzeitig auch deren Bedeutung.

Manchmal benennen die Kinder auch andere Gegenstände als „Ball" – einen Apfel, eine Apfelsine, einen runden Lampenschirm etc. Dies Phänomen bezeichnet man als „Überdehnung": Das Wort wird „zu breit" angewendet. Bei ein- bis zweieinhalbjährigen Kindern sind Überdehnungen von Wörtern ganz typisch.

Zu breite Anwendungen eines Wortes beruhen auf der Wahrnehmung von meist visuellen Ähnlichkeiten zwischen den Objekten. Dabei kann es sich um Form und Größe handeln: Beispielsweise wird häufig auch der Mond – am Himmel oder auf einem Bild – als Ball bezeichnet.

Im Handeln erweitert das Kind nicht nur seinen Wortschatz, es versteht auch die Bedeutung des Wortes. Neue Wörter können im Spiel geschöpft werden, z. B. „Nasenball" (solche Wortneuschöpfungen werden als Neologismen bezeichnet). Wenn die Kinder zum Beispiel mit dem Ball spielen und dabei ihre Körperteile einsetzen, prägen sie sich auch die Bedeutung der Wörter ein: Was ist ein Nasenball? Ein Kopfball? Ein Knieball?

Welche Wortarten gibt es?

Inhaltswörter:

Nomen oder Substantive (Hauptwörter): Ball, Luftballon, Kugel, Mond, Apfel

Verben (einfache Tätigkeiten): rollen, werfen, fangen, prellen, drehen, dribbeln

Adjektive (Eigenschaftswörter, Beschreibungen): rund, rot, dick, bunt, leicht, schwer, klein, groß (Formen, Farben, Gewicht)

Adverbien (Umstandswörter): manchmal, vielleicht, morgen

Unsere Sprache hat aber auch Wörter, die weniger Inhalte als vielmehr Beziehungen zwischen anderen Wörtern ausdrücken. Dazu gehören die sogenannten

Funktionswörter:

Das sind beispielsweise *Fragewörter* (Wer? Was? Warum? …), *Artikel* (der, die, das …), *Bindewörter* (und, oder …) und *Präpositionen* (die räumliche – auf, neben, über …; zeitliche – vor, nach, bis … Verhältnisse zwischen Nomen bestimmen).

Gespräche über den Ball

Ein Ball hat verschiedene Merkmale: er ist rund, klein oder groß, hart oder weich, leicht oder schwer, er rollt, springt, man kann ihn werfen, über den Boden rollen, man kann ihn aber auch auffangen. Sprechen Sie mit den Kindern darüber, welche Merkmale den Ball definieren!

Wenn der Ball so schwer ist, dass er nicht mehr geworfen werden kann, ist er dann noch ein Ball? Dann ist er vielleicht eine Kugel, die über den Boden rollt?

Oder ist er auch dann noch ein Ball, wenn er so leicht ist, dass er durch die Luft fliegt? Oder ist er dann ein Luftballon?

Bei diesen Gesprächen, die auch mit Spielen und Ausprobieren der Eigenschaften verbunden werden können, werden die oben genannten ***Adjektive*** *(Eigenschaftswörter) im Handeln erprobt und in der Sprache geübt.*

Handlungsbegleitendes Sprechen

Sprechen Sie mit den Kindern, wenn Sie mit ihnen mit Bällen spielen. „Oh, das ist aber ein leichter Ball." „Wirf mir den roten Ball zu, der ist aber schwer." „Welcher Ball ist denn größer?"

Das Spiel schafft viele Anlässe, sich über die Eigenschaften, Farben und Besonderheiten der Bälle auszutauschen, Merkmale zu benennen – den Wortschatz auf allen Ebenen in sinnhaften Situationen zu erweitern.

Sie können Ihre eigenen Handlungen oder auch die der Kinder sprachlich begleiten:
„Den Ball hast du aber weit geworfen, jetzt ist er sogar im Tor gelandet …"

Oder:
„Den roten Ball hast du dir ausgesucht …"

Dies kann zum Wortschatzaufbau und zur Wortschatzerweiterung beitragen.

Spielideen zur Erweiterung des Wortverständnisses

Fort-da-Spiele für Kleinkinder

Lassen Sie Dinge verschwinden und „zaubern“ Sie sie wieder herbei. Verstecken Sie den Ball z. B. hinter dem Rücken und holen Sie ihn wieder hervor: „Wo ist der Ball?“ „Daaaa“ „Jetzt ist er schon wieder weg, jetzt ist der Ball wieder da.“

Legen Sie ein Tuch über den Ball und ziehen Sie es wieder weg.

Die Ballkiste

Aus einer Kiste mit verschiedenen Bällen darf sich jedes Kind einen Ball aussuchen.

Es gibt kleine und große Bälle, schwere und leichte, weiche und harte, Bälle in verschiedenen Farben, aus unterschiedlichen Materialien.

Fordern Sie die Kinder auf zu beschreiben: „Welchen Ball hast du dir ausgesucht?“

Bekräftigen Sie die Antwort des Kindes (oder auch nur seine Wahl, wenn es nicht antwortet): „Ja – den roten Ball, der ist aber auch ganz schön groß.“

Jedes Kind darf natürlich zuerst einmal mit seinem Ball spielen.

Dann wird einen kleine „Spielpause“ eingelegt.

Die Kinder dürfen ihren Ball vorstellen:

Was kann mein Ball? (Verben)

Mein Ball kann springen …
Mein Ball kann hüpfen …
Mein Ball kann über den Boden rollen …

Ergänzen Sie die Beispiele mit neuen Begriffen (Sprachlehrstrategien: Expansion – siehe S. 24):

Meinen Ball kann ich prellen …

Meinen Ball kann ich dribbeln (wie ein Fußballer),
kullern,
kicken …

Beschreibe deinen Ball (Adjektive)

In einer Ruhephase setzen sich die Kinder in den Kreis und jedes Kind darf seinen Ball beschreiben:

Mein Ball ist groß.
Mein Ball ist weich.
Mein Ball ist klein.
Mein Ball ist dick.
Mein Ball ist rot.

Was kann man noch mit dem Ball tun? (Adverbien)

Den Ball **hoch** werfen …
Den Ball **tief** über den Boden rollen …

Den Ball ganz **weit** werfen …
Den Ball ganz **nah** um den Körper herumrollen …

Tipp: Dabei das „hoch“ und „weit“ deutlich mit der Stimme begleiten – das ist gleichzeitig ein Training der Prosodie.

Bilder(bücher) als Gesprächsanlass

Anlässe für das Gespräch über Bälle und für die Erweiterung des Wortschatzes bietet auch ein Bilderbuch, in dem Bälle abgebildet sind, oder auch Bücher mit Suchbildern.

Verschiedenfarbige Bälle werden von den Kindern oft schnell identifiziert als „Wasserball“ (großer Ball) oder als „Fußball“. Lassen Sie sich von den Kindern erklären, wann ein Ball als „Fußball“ bezeichnet wird. Wie sieht er aus? Woher kennen sie den Fußball?

Was unterscheidet einen Luftballon von einem Ball (beide Spielgeräte gleichzeitig verwenden)?

Welche Begriffe passen zu dem Luftballon?

Leicht – schwer?

Mit Hilfe dieser Übung können Kinder ähnliche Begriffe semantisch (in ihrer Bedeutung) voneinander abgrenzen.

Wo ist der Tennisball?

Wo ist auf diesem Bild ein Tennisball?
Wo ist ein kleiner Ball?
Wo ist ein großer Ball?

Was stimmt hier nicht? (Widerspruchsprovokation)

Beziehen Sie in das Spiel mit Bällen auch einmal einen Würfel ein. Zeigen Sie auf den Würfel und sagen Sie: „Mein Ball ist eckig.“

Lied (nach der Melodie von „Mein Hut, der hat drei Ecken“):

Mein Ball, der hat vier Ecken,
vier Ecken hat mein Ball.
Drum will er sich verstecken,
er ist ja gar kein Ball.

Quatschfragen

Benutzen Sie eine Bildvorlage, auf der mehrere Kinderspielzeuge zu sehen sind. Zeigen Sie auf einen Ball und behaupten Sie, das sei etwas ganz anderes, z. B. ein Auto.

Zeigen Sie auf einen kleinen Ball und behaupten Sie, „das ist ein riesengroßer Ball …“

Die Kinder werden lachen und protestieren.

Sprechen Sie mit den Kindern über die Quatschfragen: Wann ist der Ball ein Ball?

Ist ein Ei auch ein Ball?

Und was ist mit dem Mond, dem Apfel, der Apfelsine?

Bilder und Zeichnungen können auch Anlass für das erste Vertrautmachen mit Präpositionen sein. Präpositionen geben an, in welchem Verhältnis die Dinge zueinander stehen. Deswegen nennt man die ***Präpositionen*** *auch Verhältniswörter. Wichtig sind hier vor allem die „lokalen" Präpositionen, die das räumliche Verhältnis oder die Lage des Gegenstandes zu einem anderen oder zu einer Person kennzeichnen.*

Hierzu nennen Sie zunächst die Wörter anhand der Beschreibung des Bildes, damit die Kinder mit den Begriffen vertraut werden, später können die Kinder die Präpositionen selber nennen.

Wo hat sich der Ball versteckt?

Unter dem Schrank?
Auf dem Stuhl?
Hinter dem Sofa?
In dem Korb?
Neben der Lampe?
Zwischen den Kissen?
Tatsächlich, hier liegt er sogar **unter** dem Bett.

Suchbild
Unter einem Bett, auf einem Sessel, in einem Korb, neben dem Schrank liegt jeweils ein Ball. Fragen Sie die Kinder.

Hindernisparcours für Bälle

Bauen Sie mit den Kindern im Gruppenraum einen Hindernisparcours. Einrichtungsgegenstände wie Stühle, Tische werden so zusammengestellt, dass ein Ball unter ihnen hindurch oder über sie gerollt werden kann.

Anschließend geht der Ball auf die Reise durch den Parcours. Dabei wird die Reise des Balls auch sprachlich begleitet:

Der Ball rollt *über* den Tisch.
Der Ball rollt *unter* den Stuhlbeinen hindurch.
Der Ball rollt *zwischen* zwei Stühlen hindurch.
Der Ball liegt *auf* der Sitzfläche (und ruht sich aus).
Der Ball rollt *durch* den Tunnel.

Ballgeschichte: Der neugierige Ball

Erzählen Sie eine **Ballgeschichte,** binden Sie die Präpositionen in die Geschichte ein. Die Kinder können der Geschichte zuhören, während Sie den Weg des Balls beschreiben, Sie können ihn aber auch mit einem Ball verfolgen.

Es war einmal ein ganz neugieriger Ball. Er lag in einer Kiste, aber das wurde ihm bald langweilig. Er hüpfte aus der Kiste heraus und rollte über den Boden (den Ball aus einer Kiste herausnehmen und auf den Boden legen).

Er rollte durch den Gruppenraum, dabei begegneten ihm viele Hindernisse.

Er traf auf einen Stuhl, rollte **unter** dem Stuhl hindurch, rollte **um den** Stuhl herum, rollte **zwischen** den Tischbeinen weiter; ein Bauklotz stellte sich ihm in den Weg, an dem Bauklotz stoppte er und blieb liegen. Dann nahm er Schwung und rollte **über** den Bauklotz hinweg und landete mitten **in** einem Korb, der auf dem Boden stand.

Die Kinder können den Weg des Balles mitverfolgen, selber ändern, neue Wege finden. Dabei begleiten Sie die Handlungen der Kinder sprachlich, oder die Kinder berichten selbst, was dem neugierigen Ball begegnet.

Ratz Fatz – Aufgepasst und zugefasst

Erzählen Sie eine kurze Geschichte, in der das Wort „Ball" immer wieder vorkommt. Die Kinder haben die Aufgabe, immer dann, wenn sie das Wort hören, einen Ball zu ergreifen.
Dies schult die Aufmerksamkeit für Wörter (Heraushören des Signalwortes) und die Konzentrationsfähigkeit (in Anlehnung an das gleichnamige HABA Spiel):

Beispiel:

Die Geschichte vom kleinen neugierigen Ball (Ping Pong)
„Es war einmal ein kleiner, neugieriger Ball (Tischtennisball bereithalten).
Er rollte so schnell, dass man ihn kaum finden konnte, wenn er unter den Schrank gerollt war.
Wenn man den Ball auf den Boden fallen ließ, machte das ein ganz seltsames Geräusch:
Klack, klack, klack … machte der Ball, und dabei sprang er immer wieder hoch.
Einmal sprang der Ball so hoch, dass er oben auf dem Schrank liegen blieb. Nun konnte er nicht mehr herunter." (Ggf. die Kinder ermuntern, eine Lösung zu finden, wie der Ball vom Schrank herunterkommen kann.)

Geheimnisvoller Fühlsack

- **Material:** Kopfkissenbezug, Glasmurmel, Holzkugel, Würfel, Igelball, Kastanien etc.

Legen Sie in einen Kopfkissenbezug viele kleine Dinge, die sich ein ganz klein wenig wie ein Ball anfühlen: eine Glasmurmel, ein kleines Stofftier, ein kleines rundes Kissen, einen Würfel, einen weichen Ball, eine Holzkugel etc.
Die Kinder dürfen mit den Händen in den Sack greifen und einen Gegenstand ertasten. Sie beschreiben, was sie erfühlen, und versuchen herauszufinden, um welchen Gegenstand es sich handelt. Ist es ein Ball? Oder warum ist es kein Ball?

Sie können den Gegenstand auch beschreiben: Fühlt er sich warm oder kalt an, ist er hart oder weich?

Wiederholen sie auch Aussagen der Kinder: „Du meinst, das Ding ist hart und rund?“

Hart oder weich?
Warm oder kalt?

Spielideen zur Erweiterung des Wortschatzes

Fußball – Nasenball

Die Kinder haben jeweils einen Luftballon und versuchen, ihn mit verschiedenen Körperteilen in die Luft zu spielen. Sie sollen den Körperteil benennen, mit dem sie den Ballon berühren.

Mit der Hand: Der Ballon wird zu einem „Handball“
Mit dem Fuß: Fußball
Mit der Nase: Nasenball
Mit dem Kopf: Kopfball
Mit der Faust: Faustball

Die Kinder erfinden selbst neue Namen für ihren Ballon (Ohrball, Daumenball, Knieball, Bauchball, Poball etc.).

Benennen Sie die die Körperteile, mit denen die Kinder den Ballon hochspielen, zunächst selbst: „Die Nase – das war ein Nasenball, und der Fuß – ein Fußball."

Bei älteren Kindern kann der entsprechende Körperteil auch von einem Kind benannt werden.

Variation

Spielen Sie selbst mit einem Ballon mit, nennen Sie dann auch einmal schwierigere Körperteile:

„Das war ein Daumenball, ich habe den Ball mit dem Daumen berührt.
Und jetzt ein Rückenball, ganz schön schwer!
Und ein Zehenball?
Ein Ellenbogenball?
Ein Ohrenball?"

Schwungtuchspiele

- **Material:** ein Schwungtuch oder ein großes Bettlaken, ein großer Ball

Der Ball liegt auf einem großen Tuch, mehrere Kinder stehen um das Tuch herum und halten es am Rand. Sie rollen den Ball auf dem Tuch. Sprechen Sie dazu:

„Der Ball rollt zu Michael, jetzt rollt er zu Maria, jetzt rollt er zu …"

„Oh, jetzt bleibt er einfach liegen …"

„Jetzt springt er aus dem Tuch heraus" (Tuch auf- und abbewegen, sodass der Ball hochfliegt).

Ballmassage

- **Material:** Decke, 2 Tennisbälle

Tipp: Dieses Spiel funktioniert am besten mit einer sehr kleinen Kindergruppe, optimal sind zwei Kinder.

Die Kinder liegen auf dem Bauch auf einer Decke.

Sie haben in jeder Hand einen Tennisball, den sie über den Rücken der Kinder rollen lassen. Dann rollt der Ball weiter, er unternimmt eine Ballreise über den ganzen Körper (Ballmassage). Dabei benennen Sie die Körperteile, über die der Ball rollt:

„Der Ball rollt über den Rücken, jetzt rollt er über die Schultern, dann rollt er über den Po, er rollt über die Beine …"

Wurfspiele – Was fliegt noch?

- **Material:** Pappscheiben, kleine Kissen, Tuch, weicher Ball

Stellen Sie verschiedene Materialien zusammen, mit denen man gefahrlos werfen kann. Sie sollten also möglichst weich und leicht sein. Dabei benennen Sie jeweils, was gerade geworfen wird:

Hier kommt ein dickes Kissen.
Jetzt fliegt ein Tuch.
Da kommt ein weicher Ball.

Die geheimnisvolle Wörterkiste (für ältere Kinder)

Mit älteren Kindern können Sie die Idee der Wörterkiste besprechen: Ganz oben in der Kiste sind die bekannten Wörter, z. B. werfen, fangen etc. Wenn man etwas tiefer in der Kiste kramt, kommt man an die weniger bekannten Wörter: schleudern, knallen, dribbeln, prellen etc.
Fordern Sie die Kinder auf, zu den einfachen, bekannten Wörtern solche zu finden, die ganz tief in der Kiste verborgen sind:

Zu werfen – schleudern, knallen, schmeißen …
Zu gehen – stolzieren, schlendern, torkeln, tippeln …

Eigene Wörter erfinden …
Den Ball kann man drücken, schieben, quetschen, rollen etc.

„Top“ – Wie heißt der Ball in anderen Sprachen?

Wenn mehrsprachige Kinder in Ihrer Gruppe sind, sprechen Sie darüber, wie der Ball in anderen Sprachen heißt. Fragen Sie die Kinder, ob sie wissen, wie der Ball im Türkischen, Arabischen oder Russischen heißt (wenn Kinder dieser Nationalitäten in der Gruppe sind).

Top oder balo heißt er auf Türkisch

Мяч	myach	auf Russisch
الكرة	alkura	auf Arabisch
	mpira	auf Suaheli (Afrika)
球	Qiú	auf Chinesisch
	pelota	auf Spanisch

Schaffen es die anderen Kinder in der Gruppe (und auch Sie selbst), sich diese Begriffe zu merken?

4. Sprachmelodie (Prosodie)

Je nach Betonung kann dasselbe Wort eine ganz unterschiedliche Bedeutung haben. Ein Buch kann man in eine andere Sprache über*setzen*, man kann aber auch mit einem Schiff *über*setzen, d. h. auf die andere Seite eines Flusses fahren. Auch **wie** wir etwas sagen, kann den Inhalt verändern. Wenn am Ende einer Aussage der Tonverlauf nach oben ansteigt, heißt dies, dass es sich um eine Frage handelt, geht er nach unten, handelt es sich um eine Aufforderung, ja vielleicht sogar einen Befehl.

„Ich?“ heißt: „Bin ich jetzt dran?“

„Ich!“ bedeutet: „Jetzt bin ich aber dran!“

Dieses *WIE*, die Betonung, die Tonhöhe, die Sprechmelodie, die Lautstärke, den Klang einer Stimme bezeichnet man als „Prosodie“.

Die Prosodie ist ebenfalls wichtig für den Satzbau, denn die Betonung kann die Bedeutung eines Satzes verändern. Beispiel: Mit dem Ball kann man den Kegel *um*rollen oder um*rollen*.

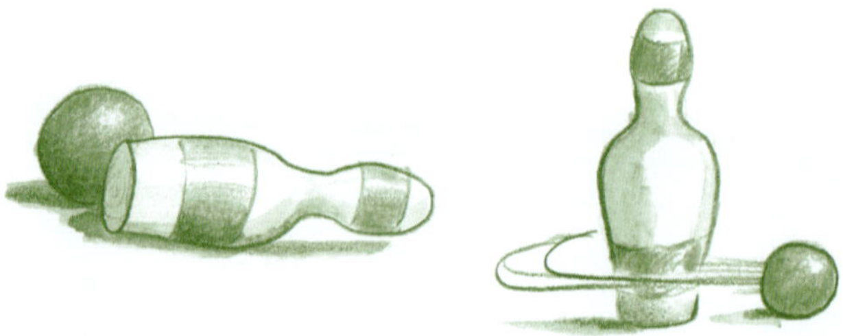

Sprechmelodie und Sprachrhythmus geben Aussagen ihren Sinn. Durch die Betonung von Wörtern wird deutlich, ob es sich um eine Frage oder eine Bitte, einen Befehl oder eine Feststellung handelt. Der sprachliche Ausdruck ist neben dem Inhalt der Worte wichtig für die Kommunikation.

Entwicklung der prosodischen Fähigkeiten

Kinder sind bereits von Geburt an sensibel für prosodische Veränderungen in der Kommunikation. Auch wenn sie den Sinn der um sie herum gesprochenen Worte noch nicht verstehen, reagieren sie oft auf die Prosodie. Wenn ein Erwachsener plötzlich sehr laut wird, fangen sie an zu weinen, während lautes, aber fröhliches Stimmengewirr ihnen gar nichts ausmacht.

Bevor Kinder die ersten Wörter und Sätze sprechen, verfügen sie bereits über prosodische Fähigkeiten: Tonhöhenverlauf, Sprachrhythmus, Betonung und Sprechpausen werden differenziert wahrgenommen.

Spielerisches Üben der Prosodie

Die Fähigkeit, prosodische Elemente zu verwenden, kann z. B. in Rollenspielen geübt werden – aber auch Bewegungsspiele mit Frage-Antwort-Ritualen (Verstecken, Fangspiele) tragen dazu bei, dass Kinder sich in der bewussten Regulierung der Tonhöhen und Betonungen üben.
Durch das Üben der Prosodie erhalten die Kinder auch die Möglichkeit, mit ihrer Stimme zu spielen, die Stimmhöhe zu variieren, die Laustärke zu verändern:

Wie klingt die eigene Stimme? Laut, leise, hoch oder tief?
Kann ich schreien – aber auch flüstern?

Wie hört es sich an, wenn ein Mensch ärgerlich ist, wütend, zärtlich, beruhigend, munter, fröhlich, traurig etc.?

Finden Sie Situationen, in denen die Kinder ihre Stimme modulieren können.
Dazu bieten sich ebenfalls Rollenspiele an, in denen die Kinder auch stimmlich in andere Rollen schlüpfen.

Spielideen zum differenzierten Umgang mit der Sprachmelodie

Das „Lied vom Ball"

Setzen Sie sich mit den Kindern in einen Kreis. Rollen Sie den Kindern den Ball über den Boden zu und sprechen Sie dabei den folgenden Vers. Ändern Sie dabei Ihre Stimmlage (laut, leise, wütend, ärgerlich, weinerlich etc. Wie kann man den Vers vom Ball noch aussprechen?). Das Kind, das den Ball aufgefangen hat, darf ihn wieder zurück zu Ihnen oder zu einem andern Kind rollen.

> Der Ball rollt langsam,
> der Ball rollt schnell,
> und will ich mit ihm spielen,
> dann rollt er von der Stell.

Oder

> Der Ball rollt hin (leise, ruhige Stimme),
> der Ball rollt her,
> dann springt er auf den Boden (kräftige, lautere Stimme),
> und ich krieg ihn nicht mehr.

Regen – Donner – Gewitter

Viele kleine Tischtennisbälle liegen auf einem Tuch, das die Kinder am Rand mit den Händen festhalten. Die Kinder lassen die Bälle auf dem Tuch rollen. Sprechen Sie dazu:

„Die Bälle rollen hin und her …" (leise, sanft)
„Und plötzlich springen sie hoch!" (laut dynamisch)

Prosodie – Welchen Sinn hat eine Aussage?

Je nach Betonung ändert sich der Sinn einer Aussage:

***Gib** mir den Ball*

*Gib **mir** den Ball*

*Gib mir **den** Ball*

*Gib mir den **Ball***

Fischer, Fischer, wo sind die Bälle?

Ein Kind spielt den Fischer. Die anderen Mitspieler stehen ihm mit einem Abstand von mindestens zehn Metern gegenüber.

Die Gruppe ruft: „Fischer, Fischer, wo sind die Bälle?"
Fischer: „In dem Korb."
Gruppe: „Wie kriegen wir sie heraus?"
Fischer: „Auf einem Bein hüpfen."

Die Kinder hüpfen auf einem Bein zum Korb. Wer auf dem Weg vom Fischer abgeschlagen wird, gehört beim nächsten Spieldurchgang zum Fischer und darf sich am Fangen beteiligen.

Wer hat den Ball aus dem Korb geklaut?

Ändern Sie den bekannten Vers „Wer hat den Keks aus der Dose geklaut“ um in:

Wer hat den Ball aus dem Korb geklaut?

Marina hat den Ball aus dem Korb geklaut! (auf das entsprechende Kind zeigen)

Wer, *ich?* (Das Kind fragt)

Ja, *du!* (alle antworten)

Niemals! (Marina antwortet)

Wer hat den Ball aus dem Korb geklaut … (und von Neuem)

5. Vom Wort zum Satz

Wörter aneinanderzureihen ergibt keinen Sinn. Erst wenn die Wörter auf der Basis von Regeln zu Sätzen kombiniert werden, erhalten sie eine Bedeutung. Je nachdem *wie* die Wörter kombiniert werden, wie sie verändert oder in eine bestimmte Reihenfolge gebracht werden, variiert der Sinn einer Aussage.

> *Unter „Grammatik" verstehen wir das Regelsystem, nach dem eine Sprache aufgebaut ist.*
> *Die Anwendung grammatikalischer Regeln ermöglicht das Erzählen über Ereignisse, die in der Vergangenheit liegen, an einem anderen Ort stattgefunden haben oder zukünftig erwartet werden.*

Regeln zur Bildung von Wörtern und Sätzen

Die Entwicklung grammatikalischer Fähigkeiten wird in die Bereiche Morphologie und Syntax unterteilt. Sie beschreiben das Regelsystem zur Bildung von Wörtern und Sätzen.

Wortstellung = Syntax
Wortformen = Morphologie

Morphologie ist die Bezeichnung für die Wortgrammatik. Sie behandelt die Regeln der Wortbildung. Durch die Flexion (Beugung) eines Wortes entstehen neue Wortformen. Aus „Ball“ wird im Plural (Mehrzahl) „Bälle“, aus „er spielte“ wird im Perfekt (vollendete Gegenwart) „er hat gespielt“.

Die **Syntax** bezeichnet die Satzgrammatik. Sie bezieht sich auf die Ordnung von Wörtern und beschäftigt sich damit, wie Wörter zu größeren Einheiten zusammengebracht werden. Sie enthält demnach die Regeln, nach denen die Kombination von Wörtern zu Sätzen erfolgt.

Im Tun grammatische Strukturen erleben

Spiele mit dem Ball können die Kinder beim Entdecken des Regelsystems der Sprache unterstützen. Dabei geht es zum Beispiel um die Mehrzahlbildung, um die Wortstellung oder um aktive und passive Verbformen. Die Kinder nehmen aktive und passive Rollen ein, so rollen sie den Ball – der Ball wird gerollt.

In Spielhandlungen kann die Veränderung der Verben geübt (oder zumindest gehört) werden: Ich werfe den Ball – und du wirfst ihn zurück.

Sie lernen Steigerungen in der Bewegung kennen, werfen den Ball weit und noch weiter, werfen ihn hoch, höher, am höchsten, laufen schnell, noch schneller, wer war der Schnellste? So wird im Tun die grammatikalische Struktur der Sprache erfahren.

Entwicklung der grammatikalischen Fähigkeiten

Bereits im Alter von 1,5 bis 2 Jahren beginnen Kinder, kleine Sätze zu bilden. Sie kombinieren zwei Wörter miteinander, z. B. „Ball weg", „Ball da", „Ball haben".

Bei diesen Zwei-Wort-Sätzen ist manchmal noch nicht ganz klar, was Kinder damit sagen wollen. Häufig müssen die Erwachsenen erst interpretieren. Das Allzweckwort ist „da". „Da Ball" kann heißen: der Ball ist vorhanden, ich will den Ball haben, da ist ein Ball. Viele Zweiwortsätze drücken eine räumliche Bewegung aus: Ball weg, Ball raus, rein Ball etc.

Diese räumliche Bewegung ist für Kinder wichtig. Bewegungen können sie gut wahrnehmen, deshalb kommentieren sie sie auch gerne.

> *Kleine Kinder können sich das System der Grammatik (scheinbar) mühelos aneignen. Es bedarf dazu aber einer entsprechenden sprachlichen Umgebung und oft auch der Unterstützung durch die Erwachsenen, die Eltern oder die pädagogischen Fachkräfte.*

Der Verlauf der grammatikalischen Regelbildung wird folgendermaßen beschrieben (Clahsen 1986):

1. Phase: Kinder bilden Einwortsätze, z. B. mit hinweisenden Elementen: „Ball", „Ball da", „Ball runter", „Ball weg" (Alter: ca. 12–18 Monate)

2. Phase: Im Alter von ca. 18–24 Monaten werden mehrere Wörter miteinander kombiniert.
   „Na Na auch Ball haben"
   „Lisa auch hinsetzen"
   „Lisa auch essen"

3. Phase: Ab dem Alter von ca. 24–30 Monaten kommt es zu Mehrwortäußerungen mit verschiedene Wortarten wie Verben, Substantiven, Adjektiven. Verben werden nun richtig gebeugt (flektiert), d. h. sie stimmen mit dem Subjekt überein („der Ball rollt"). Meist im 3. Lebensjahr lernt das Kind, dass das Verb im deutschen Hauptsatz (Aussagesatz) an zweiter Stelle steht („Verbzweitstellung"). „Ich baue einen Turm", „Ich werfe den Ball".

4. Phase: Ab dem Alter von ca. 42 Monaten wird die Struktur von Nebensätzen erworben. Nebensätze werden mit einem „Einleiter" (einer Konjunktion) gebildet (weil, wenn, dass): „Anna weint, weil der Ball kaputt ist."
   Komplexere, aus Teilsätzen bestehende, zusammengesetzte Sätze werden gebildet („Ich bin weg und du musst mich finden").

5. Phase: Ab dem Alter von ca. 4 Jahren versteht das Kind Aktiv-Passiv-Sätze: Die Hand rollt den Ball – der Ball wird mit der Hand gerollt.

Lernmechanismen

Kleine Kinder setzen ganz automatisch die richtigen Mechanismen ein, um die Grammatik zu lernen. Dabei nutzen sie folgende Strategien:

1. **Nachahmung**: Sie imitieren, was Erwachsene sagen.
2. **Verallgemeinerungen**: Sie suchen nach allgemeingültigen Mustern (Analogie-Bildung = Sie schließen vom Bekannten auf das noch Unbekannte „ich habe den Ball gerollt, gewerft …“ , „da sind ganz viele Blumen – und ganz viele Ballen“). Das Kind folgt in diesen Beispielen einer grammatikalischen Regel, die es erkannt hat, die aber in diesem Fall nicht gilt.

Die meisten Kinder lernen Satzmuster im 3. Lebensjahr.
Für die Gestaltung von Spielsituationen ist es wichtig, dass Kinder die Gelegenheit haben, Satzmuster immer wieder zu hören und sie sich einzuprägen.

Die folgenden Beispiele greifen Spielsituationen auf, in denen die Kinder Regeln der Wortgrammatik und der Satzgrammatik hören und sich einprägen können. Dabei geht es ***nicht*** *um ein Abfragen, Erklären, Einüben oder Wiederholen. Die Spielsituationen beinhalten vielmehr Beispiele zum Hören, Einprägen und Bilden von Satzmustern, Flexionen (Beugungen) von Wörtern, zu Steigerungsformen oder zu Regeln bei der Artikel- und der Mehrzahlbildung.*

Spielideen: Satzmuster bilden
(Zweiwortsätze, Mehrwortsätze)

Mein Ball

Sie sitzen mit den Kindern auf dem Boden und spielen mit ihnen mit einem oder auch mit mehreren Bällen. Kommentieren Sie die Bewegungen des Balles mit kurzen, einfachen Sätzen *(handlungsbegleitendes Sprechen):*

Oh – jetzt ist der Ball weggerollt,
jetzt rollt der Ball zu dir,
und er kommt wieder zu mir.

„Mein Ball" – wenn der Ball zum Erwachsenen rollt

„Dein Ball" – wenn der Ball zu dem Kind rollt

Bilden Sie Satzmuster, indem Sie das Spiel mit dem Ball sprachlich begleiten. Die Kinder werden sich diese Satzmuster leicht einprägen.
Das kann auch in kleinen Reimen erfolgen, die die Kinder übernehmen (oder auch verändern, erweitern) können.

Ich roll den Ball hin,
ich rolle ihn her.
Ich roll ihn zu dir,
das ist gar nicht schwer.

Der Ball ist im Haus,
er kommt jetzt heraus.
Er rollt dann zu dir,
wann kommt er zu mir?

Dieser Ball ist rund,
noch dazu ganz bunt.
Rollt in unseren Kreis,
sag mir wie du heißt.

Anregungen für den Gebrauch von Nebensätzen

Fragen: Fordern Sie die Kinder zu Fragen (Warum, wann …) heraus.

Warum schwimmt der Ball auf dem Wasser?
Weil der Ball leichter als das Wasser ist.

Wann rollt der Ball?
Wenn er angeschoben wird.

Wann spielen wir Ball?
Wenn der Zeiger auf der 12 steht.

Spielideen: Wie die Wörter sich verändern – Flexionen

Wirf den Ball!

(Spielideen zum Hören und Einprägen von Wortflexionen)

Spielen Sie mit den Kindern mit dem Ball und kommentieren Sie bestimmte Spielhandlungen:

Ich werfe den Ball.
Du wirfst den Ball.
Fabian wirft den Ball zurück, Pia fängt ihn auf.
Jetzt werfen wir alle den Ball.
Wirf mir den Ball wieder zurück.

> *Für die Verwendung in einem Satz müssen Wörter flektiert (gebeugt) werden.*
> *Sie müssen mit dem Subjekt übereinstimmen.*
> ***Ich** rolle den Ball.*
> ***Du** roll**st** den Ball.*

Mehrzahlbildung

Es gibt unterschiedliche Möglichkeiten, die Mehrzahl von Wörtern zu bilden. Meist ändern sich die Endungen, hierzu gibt es vier Möglichkeiten:

Endungen:
n und en (Ente-n)
e (Tier-e)
er (Bild-er)
s (Auto-s)
Die Mehrzahl kann auch identisch sein mit der Einzahl: Eimer

Zusätzlich kann sich der Vokal ändern – es wird ein Umlaut gebildet. Dabei gibt es zwei Varianten: Umlaut mit Endung auf -e und Umlaut mit Endung auf -er:
Ball – Bälle
Kuh – Kühe
Blatt – Blätter
Korb – Körbe

Hinzu kommt die Änderung des Artikels:
Der Eimer, die Eimer
Der Ball, die Bälle
Der Korb, die Körbe

Dies ergibt also sechs Möglichkeiten der Mehrzahlbildung. Häufig zeigen Kinder Unsicherheiten in der richtigen Mehrzahlbildung noch bis ins Schulalter.

Kinder mit Deutsch als Erstsprache sind sich der Regeln (z. B. Mehrzahlform) nicht bewusst, aber sie wenden sie korrekt an, weil sie über ein intuitives Sprachgefühl verfügen. Für mehrsprachige Kinder ist die Mehrzahlbildung eine schwierige Aufgabe, am besten kann sie immer wieder im Spiel geübt werden – ohne dass es dabei zu Korrekturen bei Fehlern kommen sollte. Vertrauen Sie auf Ihr Sprachvorbild: Wenn Sie bei den Spielen mitmachen, können Sie ganz bewusst die richtigen Formen wiederholen (korrektives Feedback, siehe S. 24).

Bälle in den Eimer (Spielideen zur Mehrzahlbildung)

- **Material:** Bälle, Eimer, Körbe, Kartons

Eimer, Kartons und Körbe im Raum aufstellen. Mehrere Bälle liegen bereit. Die Kinder werden schnell damit beginnen, die Bälle in die Behälter zu werfen. Nutzen Sie das Spiel zu handlungsbegleitendem Sprechen:

> „Hier ist ein Ball, da ist ja noch ein Ball, zwei Bälle sehe ich."
> „Oh, hier sind sogar ganz viele Bälle."
> „Ich sehe einen Korb und noch einen Korb. Wie viele Körbe sind denn da?"
> „Schafft ihr es, einen Ball in einen Eimer zu werfen?"

Zählen Sie mit den Kindern: Ein Ball, zwei Bälle, drei Bälle etc.

Fragen Sie die Kinder, wie viele Körbe im Raum stehen. Wiederholen Sie: „Ja, ein Korb und noch ein Korb – also zwei Körbe."

„Und wie viele Schachteln sind da? Eine Schachtel, zwei Schachteln, und da drüben steht noch eine Schachtel – also drei Schachteln."

Spielideen zu Steigerungsformen

Ball über die Schnur

- **Material:** Bälle, die sich gut zum Werfen eignen (Softbälle), eine Schnur

Eine Schnur im Raum spannen, so hoch, dass sie die Körperhöhe der Kinder leicht übersteigt.

Die Kinder versuchen, die Bälle über die Schnur zu werfen.

Kommentieren Sie das Werfen:
„Das war aber ganz schön **hoch** geworfen."
„Oh, das war ja noch **höher**."
„Hier ist die Schnur **am höchsten** – da ist das Werfen ganz schön schwer."
„Und schon wieder – Patrick wirft den Ball ganz hoch."
„Ich versuche jetzt, ihn noch höher zu werfen."

Ballweitwurf

- **Material:** Pylone (Verkehrshütchen), Seile, Bälle

Mit den Seilen Linien auf dem Boden auslegen. Jedes Kind versucht, wie weit es mit seinem Ball werfen kann.
Fordern Sie die Kinder auf, sich einen Ort an den Seilen zu suchen, von dem aus sie ausprobieren, den Ball möglichst weit weg zu werfen. Schaffen sie es, über die nächste Linie zu kommen?

Kommentieren Sie das Werfen der Kinder:
„Das Seil liegt ganz schön weit weg, so weit hast du geworfen."
„Und jetzt hast du es noch weiter geschafft!"
„Das letzte Seil ist am weitesten entfernt, schafft ihr es, so weit zu werfen?"

Statt Seile auszulegen, können Sie auch Pylone im Raum aufstellen. Die Kinder versuchen, von einem Pylon zum nächsten zu werfen, ihn vielleicht sogar abzutreffen.

Kommentieren Sie:
„Die beiden Hütchen stehen weit auseinander, aber das grüne Hütchen ist noch weiter weg."
Fragen Sie die Kinder auch: „Welches Hütchen ist denn am weitesten entfernt?"

Der schnellste Ball

Finden Sie Spielsituationen, bei denen es um weitere Steigerungsformen geht, z. B. ein Wettspiel zwischen den Bällen, die von den Kindern über den Boden gerollt werden. Welcher Ball ist der schnellste?

Der rote Ball rollt schnell, der blaue ist noch schneller, er kann ihn sogar überholen. Aber der grüne ist am allerschnellsten.

Regen Sie die Kinder an, darüber nachzudenken, wann ein Ball schnell rollt und wann langsam. Vielleicht sind auch alle Bälle gleich schnell, es kommt darauf an, wie schnell man sie anrollt? Stellen Sie dabei auch W-Fragen:
Wann rollt ein Ball schneller als ein anderer?

Warum rollt er schneller?

Wie kann man ihn besonders schnell rollen? Wie kann man ihn besonders langsam rollen?

Jetzt geht's

rund!

Zum guten Schluss

Der Anlass des Spielens mit dem Ball ist nicht das Üben und das Training des Sprechens. Aber es ist eine wunderbare Gelegenheit zur Interaktion, zum Kommunizieren, zum Miteinandersprechen, zum Dialog mit Erwachsenen und auch mit anderen Kindern. Sprachbildung wird dann am erfolgreichsten sein, wenn sie an die Bedürfnisse und Interessen der Kinder anknüpft, wenn sie mit bedeutungsvollen Aktivitäten verbunden wird.

Verwendete Literatur und Tipps zum Weiterlesen

Clahsen, H. (1986): Die Profilanalyse. Berlin: Edition Marhold.

Jungmann, K., Morawiak, U. & Meindl, M. (2015): Überall steckt Sprache drin. München: Reinhardt.

Kammermeyer, G. u. a. (2017): Mit Kindern im Gespräch. Strategien zur Sprachbildung und Sprachförderung von Kleinkindern in Kindertageseinrichtungen. Augsburg: Auer.

Kannengieser, S. (2015): Sprachentwicklungsstörungen. Grundlagen, Diagnostik und Therapie (3. Auflage). München: Urban und Fischer.

Kany, W. & Schöler, H. (2010): Fokus: Sprachdiagnostik. Leitfaden zur Sprachstandsbestimmung im Kindergarten. Berlin: Cornelsen.

Madeira Firmino, N. (2011): Zur Sprache kommen – durch Bewegung. In: R. Zimmer (Hrsg.), Psychomotorik für Kinder unter 3 Jahren: Entwicklungsförderung durch Bewegung (S. 123–133). Freiburg: Herder.

Nienkerke-Springer, A. & Beudels, W. (2013): Komm, wir spielen Sprache. Handbuch zur psychomotorischen Förderung von Sprache und Stimme. Dortmund: modernes lernen.

Reichert-Garschhammer, E. & Kieferle, C. (Hrsg.) (2011): Sprachliche Bildung in Kindertageseinrichtungen. Freiburg: Herder.

Ruberg, T., Rothweiler, M. & Koch-Jensen, L. (2013): Spracherwerb und sprachliche Bildung. Köln: Bildungsverlag EINS.

Scharff-Rethfeld, W. (2013): Kindliche Mehrsprachigkeit: Grundlagen und Praxis der sprachtherapeutischen Intervention. Reihe: Forum Logopädie. München: Thieme.

Szagun, G. (2007): Das Wunder des Spracherwerbs: So lernt Ihr Kind sprechen. Weinheim, Basel: Beltz.

Suhr, A. (2008): Sätze rollen – Wörter fliegen. Bewegte Sprachförderung in Kita und Grundschule. München: Don Bosco.

Tracy, R. (2008): Wie Kinder Sprachen lernen: Und wie wir sie dabei unterstützen können. Tübingen: Francke.

Weinert, S. & Grimm, H. (2018): Sprachentwicklung. In: W. Schneider & U. Lindenberger (Hrsg.), Entwicklungspsychologie (S. 445–469). Weinheim: Beltz.

Winner, A. (2012): Kleinkinder ergreifen das Wort. Sprachförderung mit Kindern von 0 bis 4 Jahren. Berlin: Cornelsen Scriptor.

Zimmer, R. (2013): Konrad Känguru und Rita Rennmaus – Integrierte Förderung von Bewegung, Sprache und Literacy. Oberursel: Finken.
Zimmer, R. (2015b): Kreative Bewegungsspiele. Psychomotorik in der Kita. Freiburg: Herder.
Zimmer, R. (2018): Wilde Spiele zum Austoben. Durch Bewegung zur Ruhe kommen. Freiburg: Herder.
Zimmer, R. (2019a): Handbuch Sprache und Bewegung. Alltagsintegrierte Sprachbildung in der Kita. Freiburg: Herder.
Zimmer, R. (2019b): BaSiK – Begleitende alltagsintegrierte Sprachentwicklungsbeobachtung in Kindertageseinrichtungen. Freiburg: Herder.
Zimmer, R. (2019c): Handbuch Sinneswahrnehmung. Grundlagen einer ganzheitlichen Bildung und Erziehung. Freiburg: Herder.
Zimmer, R. (2020): Handbuch Bewegungserziehung. Grundlagen für Ausbildung und pädagogische Praxis. Freiburg: Herder.
Zimmer, R. & Vahle, F. (2016): Ping Pong Pinguin. Lieder zur Sprach- und Bewegungsförderung. Freiburg: Herder

Die Autorin

Dr. Renate Zimmer ist Erziehungswissenschaftlerin mit dem Schwerpunkt frühe Kindheit und Professorin für Sportwissenschaft an der Universität Osnabrück.
Auf dem Gebiet der Bewegungserziehung ist sie die bekannteste und erfolgreichste Expertin im deutschsprachigen Raum.
Für ihr bildungspolitisches Engagement wurde sie mit dem Bundesverdienstkreuz ausgezeichnet.

© Verlag Herder GmbH, Freiburg im Breisgau 2021
Hermann-Herder-Str. 4, 79104 Freiburg
Alle Rechte vorbehalten
www.herder.de
Bei Fragen zur Produktsicherheit wenden Sie sich an
produktsicherheit@herder.de

Umschlaggestaltung: Sabine Ufer
Umschlag- und Innenillustrationen: Julia Ginsbach
Satz und Gestaltung: Sabine Ufer

Herstellung: Graspo CZ, Zlín
Printed in the Czech Republic

ISBN Print 978-3-451-38690-9
ISBN E-Book (PDF) 978-3-451-82265-0
ISBN E-Book (EPUB) 978-3-451-82261-2

a
s
b
g
c
a
v
d
w
h
g
x
k
n
d
t
h
k
i
w
t
q
f
o
r